子どもが納得！

高学年の叱り方ほめ方

中嶋郁雄 著

IKUO NAKASHIMA

学陽書房

はじめに

　「社会の常識」は、時代によって変化します。学校現場においても、例えば学校敷地内での喫煙や職員旅行の半強制的な参加など、30年前には「当たり前」に行われていたことが、現在では受け容れられないことがたくさんあります。

　子どもに対する指導も、数十年前と今とでは大きく異なってきました。数十年前であれば、子どもが人として間違った行いをすれば、恐怖や威圧感をあたえてでも厳しい指導が当然のように行われていました。しかし、今では威圧して子どもに恐怖をあたえるような指導は、「不適切な指導」として大いに非難される可能性があります。特に、昨今の学校・教師に対する世間の目は厳しさを増しており、体罰は言うに及ばず、不適切な指導に対する批判がマスコミやSNSで世間を騒がせていることは、残念ながら日常茶飯事と言っても過言ではないでしょう。

　このような状況が大きく影響しているのか、最近では、子どもが間違った行いをしたときに、教師が子どもを戒めづらくなっているように感じます。さらに問題なのは、若い教師が子どもを指導する力を身につけることが難しくなってしまったということです。子どもの機嫌を損ね、保護者からのクレームがくるのを避けるために、子どもを指導することから逃れようとする教師が出てこないとも限りません。

　しかし、子どもは大人が考える以上に、賢明で生きる力に満ちています。そうであるからこそ、一度、「指導力がない」と判断した教師の言葉は、決して受け容れず、拒絶するようになってしまいます。そうなれば、子どもは成長するために必要な、自省と自己改善の機会を失ってしまいます。一方、教師は教師としての自信や生き甲斐を奪われてしまいます。このような悪循環は、子どもにとっても教師にとっても不幸以外の何物でもありません。

そういった状況をつくらないためにも、教師は子どもをしっかり指導する力量をもたなければならないのです。子どもの過ちを叱り、素晴らしさをほめる。それが教育の基本であり、教育の不易です。もちろん、先にも書きましたが、自分たちが子どもの頃に受けてきた指導方法が、現在では通用しない場合があることには細心の注意をもってあたらなければなりません。

　本書では、小学校の中でも指導が難しいと考えられている「高学年の子どもたちへの叱り方・ほめ方」について考えてみました。本書をお読みくださった先生方が、現在の社会状況と子どもの特徴を踏まえた上で、子どもの成長を促し、生きる力を身につけさせていくために、愛情をもって叱るべきことはしっかり叱り、ほめるべきことは的確にほめることができる一助にしていただければ、これほど光栄なことはありません。

中　嶋　郁　雄

CONTENTS

CHAPTER

2

決め手はここ！

男女別
叱り方・ほめ方ポイント

CHAPTER

落ち着きや成長を引き出す！

3 生活指導場面での 叱り方・ほめ方

CHAPTER

4

子どものやる気をグッと引き出す！

学級活動場面での
叱り方・ほめ方

CHAPTER

5

集中＆意欲を刺激する！

授業場面での叱り方・ほめ方

CHAPTER
6 子どもたちの自治力を育む！
行事活動場面での
叱り方・ほめ方

1

\ 高学年はここをおさえる！ /

叱り方・ほめ方の"基本ポイント"

11 | ちょっとしたコミュニケーションで信頼づくりを積み重ねる

高学年ともなると思春期を迎えている子もいます。教師と積極的に関わることに抵抗を感じているかもしれません。

● 「笑顔で挨拶」を継続する

　コミュニケーションなしに信頼関係を築くことはできません。そのコミュニケーションの基本となるのが、「挨拶」です。高学年という対応に難しい時期だからこそ、教師が率先して笑顔で挨拶することを心がける必要があります。

　たとえ教師の気持ちが沈んでいる日も、子どもが浮かない顔をしているときも、笑顔での挨拶を継続していくことで、子どもたちのモチベーションは上がり、それが教師に対する信頼づくりの基礎となるのです。

　特に高学年の子に対しては、小さな機会でもとらえて教師からコミュニケーションをとり、距離を縮めていくことを大切にしていきましょう。

● ほめ言葉をさり気なく

　高学年の子は、わざとらしく近寄ってくる相手に対して違和感を覚え、疎ましく感じるものです。例えば、すれ違ったときに頭を下げるといった何気ない子どもの行為には、「気持ちいいね！」などとさり気なくほめ言葉をかけるように心がけましょう。周囲の目を意識する高学年の時期には、大げさにほめられることに嫌悪感を抱く子もいます。さり気ないほめ言葉を数多くかけることが、信頼づくりにとって大切です。

◉ 子どもの態度に過剰反応しない

　思春期になると、ぶっきらぼうな言葉を返してきたり、反抗的な態度をとったりすることがあります。教師の感情を逆なでする子どもの行為も少なくありません。

　しかし、そのような態度に対しては、過剰に反応しないことが大原則です。失礼な態度をとったことを、じつは子どもは反省しています。教師が大人の余裕を見せることで、信頼づくりへとつながり、子どものほうから近寄ってくるようになっていきます。

ここがPOINT！

ADVICE！

高学年の子どもたちへの関わり方は、「さり気なく、自然に」です。
ぞんざいな態度をとられても、軽く受け流す余裕をもちましょう。

2 | 学級環境は 教師がコントロール

クラスの目標・ルールなど、学級経営において大きな柱となることには、教師の「思い」が反映されなくてはなりません。

◉ 教師の「思い」を伝える

どんなクラスにしたいのか、どんな授業を目指すのか、教師は確かな思いをもって子どもたちの前に立たなくてはなりません。その教師のゆるぎない思いや強い願いは、必ず子どもに伝わります。

高学年にもなれば、子どもたちはそうした教師の思いに共感し、感銘を受けて、「先生のもとでがんばろう！」と積極的に活動してくれます。教師が自らクラスの「核」になることで、向上を求める集団が形成され、その中で子どもたちの主体性が発揮されていきます。

◉ 悪ふざけや無関心を遠ざける

「理想のクラス像」は教師の数だけあると言っても過言ではありませんが、どんなことにでも一生懸命に取り組む集団でなければ、それぞれの教師が目指す「理想のクラス」をつくることはできません。ですから、高学年に見られがちな、他の子のやる気を削ぐような悪ふざけや、友だちやクラス活動に対する無関心な姿勢を決して見逃してはなりません。

問題が起きたら、まずアクションを起こして子どもたちを巻き込み、全力で取り組む姿勢を教えるのが教師の役割です。教師が規律などをコントロールすることで、集団としての機能を活性化させていきましょう。

● 意見を好意的に集約する

　例えば、クラスのきまりを確認するときに、「前（のクラス）は、こういうやり方だった」というフレーズが子どもたちから出てきたとします。教師としては、自分なりの方法で進めたいところですが、こうした子どもの意見を頭から否定するようなやり方は、特に高学年では御法度です。

　まずは、「それは良い方法だね」というように、必ず前のやり方を認め、子どもたちから出てきた意見をポジティブな面から取り上げながら、物事を決めていくことが大切です。

ここがPOINT！

ADVICE！

特に４〜５月は、クラスの雰囲気は教師が核となってつくっていきましょう。教師のゆるぎない思いや姿勢が信頼関係を育みます。

3 | 当事者以外の 子どもの様子を観察する

子どもをほめたり叱ったりするとき、まわりの子どもは、教師の指導の仕方や姿勢を注意深く観察しているものです。

● 子どもの周囲を意識する

　教師が叱ったりほめたりする場面は、高学年の子どもに非常に大きな影響をあたえるものだと認識しましょう。特に、直接教師が対峙している子以上に、周囲の子どもたちを意識しながら指導するのが鉄則です。

　知らぬふりをしていても、彼らの注意は教師の一挙手一投足に集中しています。教師は、そのことを念頭に置いた上で子どもを指導しなければなりません。誰かをほめれば「自分もそのようにしよう」と、叱れば「自分も気を付けよう」と周囲の子どもたちは考えます。叱ったりほめたりすることは、当事者以外の子に対しても同様の影響をあたえているのです。

● 外から自分を観察する

　子どもを指導するのに適切な言葉づかいや態度であるかどうか、教師として子どもに指導している自分自身の姿を、常に客観的に見ることができているかどうかが大切です。

　「当事者の子に自分の指導がどのように伝わっているのか」「周囲の子がその様子を見てどのように感じているのか」、自分自身の姿を明確に意識することは、指導が子どもたちにどのように伝わっているのかをイメージすることでもあり、ひいてはそれが指導力向上にもつながっていきます。

● 当事者のプライドに配慮する

　教師に叱られる姿を友だちに見られることに対して、子どもは強く抵抗を覚えます。また、高学年ともなると、ほめられて注目をあびることさえ嫌がる子もいます。こうした子どもの気持ちに一切配慮しない指導は、その後の信頼関係に多大な悪影響を及ぼします。

　叱るときはもちろんのこと、ほめる際にも、当事者や周囲の様子をしっかりと観察し、その子のプライドを傷つけないように配慮しながら指導することを決して忘れてはいけません。

ここがPOINT！

ADVICE！

高学年の子は常に周囲を意識しています。まわりに友だちがいないときなど、その子だけに話せる状況を見つけて伝えることも大切です。

4 | 問題のない子にこそ 気を配る

一見問題がないように思われる子、目立たない子には、気を付けなければ、その子が抱える問題を見逃す危険性があります。

● 指導の機会を保障する

　問題行動の多い子については、わずかな変化にも気付くことができます。しかし、誰でも長所短所があるように、一見問題がないように思われている子も、意地悪な気持ちになっていることもあれば、不適切な行動を起こすこともあります。普段から目立つ行動を人前で見せないがために、まったく問題がないかのように思われているだけなのです。

　その都度の適切な指導は、どの子にとっても成長への大切な機会です。目立たず問題がないと思われる子にこそ、目を向け、気を配ることを怠らないようにすることが、クラス全体の成長や活性化にもつながります。

● 全員と関わりをもつ

　教師が意識しなければ、おとなしくて目立たない子とほとんど言葉を交わさずに1日が過ぎてしまう危険性もあります。クラスの子ども1人1人が大切な存在であると強く認識して、丁寧に関わりをもつことが教師には求められます。

　すべての子が楽しく充実した学校生活を送ることができるようなるためにも、おとなしくて問題がなさそうな子にこそ注意深い目を向け、意図的に関わったり、言葉を交わし合ったりできるように仕掛けていきましょう。

● 教師力の向上へ

　1日を振り返ったとき、すぐに様子を思い浮かべられる子がいる一方で、いくらがんばっても思い出せない子がいることはないでしょうか。

　そうした子どもにこそ気を配り、しっかりと観察したり指導したりすることができるか否かが、教師の力量の差となります。毎日、クラスの子どもの顔を思い浮かべ、1人1人の様子についてどのくらい記憶に残っているかを確かめていくことを習慣づけていきたいものです。そうした日々の習慣で、自ずと目立たない子に目を向ける力が身についていきます。

ここがPOINT！

ADVICE！
いつも目立たずおとなしい子には指導の必要がないと思ってはいけません。むしろ、そういう子にこそ意図的に関わることが必要です。

5 | 罰をあたえる叱りはNG

叱りは、子どもに反省と改善を促すために行う教育的行為。自分を律する力を身につけさせることが目的です。

● 罰は「一時の反省」のみ

　罰でもって叱られた子は、「罰をあたえられるのが嫌だから」という理由で行動を改善せざるを得ない状況に追い込まれます。つまり、「先生が怖いからやらない」という考えの子になるということです。そうなれば、教師の目が離れたところで、「怖いものなし」と、問題行動を再発させてしまうことでしょう。

　罵声や威圧的な態度による指導は、つかの間の反省と改善を子どもに促すに過ぎません。

● 罰は他律的な子を育てる

　罰によって指導することは、つまりは力づくで子どもを従わせることです。問題行動を起こす度に、教師が大声で罵倒したり威圧的な態度をとったりすることによって指導を行えば、子どもは罰（＝教師の存在）によって自分の行動を決める悪しき習慣を身につけてしまいます。

　その結果、罰がなければ正しい行動ができない、または教師がいなければ問題行動を起こしてもまったく動じることなく平気の平左で、真の反省と改善を促すことができないどころか、その子自身の成長には結びつきません。

◉ 罰は信頼関係を破壊する

叱られる度に「恐ろしい」と感じる相手に対して、愛情を感じたり信頼を抱いたりする子はいません。特に高学年にもなると、表面上は教師に従っているように見えても、内心は「恐怖によってしか指導できない力のない人間」、と教師に対して嫌悪感を抱く子もいるはずです。

そして、時間を経るにつれ、そうした教師の態度に慣れてくると、徐々に心は離れ、どんなに大声を出して威圧感をあたえたところで、一切指導を受け容れない子を増やしてしまいます。

ここがPOINT！

ADVICE！

罰による指導は子どもを他律的にし、信頼をも破壊します。叱りは、子どもの自律的な反省と改善を促すための指導法と心得ましょう。

6 | 安易な「ほめて伸ばす」は 要注意

「ほめて伸ばす」風潮がいたずらにもてはやされています。しかし、単にほめるだけでは子どもを伸ばすことはできません。

◉ 「叱り」と「ほめ」のポイントは同じ

「叱り」も「ほめ」も、教師の感情が刺激され、それがきっかけとなって起こる行為です。自分の価値観との相違にカチンとくるから叱りをあたえ、反対に、心から感銘を受けるからほめるという行為になります。そう考えれば、心が動かされたときであっても、安易にほめてばかりというのは、心から子どもの行動に感動して行っているのか否かが疑わしくなります。子どもを指導する上で大切にしたいポイントも、あやふやになりかねません。

まずは叱ることができてこそ、効果的にほめることができるのです。

◉ ほめてばかりは軽蔑される

叱ることをせずに、安易にほめてばかりいては、間違いなく子どもは教師を頼りない存在として受け止めることでしょう。

「先生は叱れないから、ほめてばっかりいるんだ」と子どもに思われてしまうような関係性の中では、子どもの信頼をまったく得ることができないだけではなく、教師のほめる姿勢が自分たちにおもねっているように感じられ、教師に対して軽蔑の念さえ抱く子が出てこないとも限りません。

● 子どもは本心を読む

　もちろん、基本的にほめられることを嫌だと感じる子はいません。しかし、度々安易にほめられてばかりいると、本当にほめられるべき素晴らしい行いをしているのかどうかが子どもは分からなくなってしまいます。

　高学年にもなれば、「本当には私のことを認めてはいないのでは？」と、ほめている教師に対して疑念を抱くようにもなります。教師の言葉や声のトーン、表情から、不誠実さを見抜く力をもっていることを忘れてはなりません。

ここがPOINT！

ADVICE！

「ほめて伸ばす」を、「叱ってはいけない」と勘違いしてはいないでしょうか。叱ることのできない教師は、ほめることもできません。

7 | 叱るのが苦手な教師のための スキルアップのコツ

叱ることに苦手意識をもつ教師が増えていると言われていますが、子どもを伸ばす叱り方は「指導法」として身につけることができます。

◉ 叱りのイメージを変える

　叱りと聞くと、「教師の威圧」「子どもの怯え」などがイメージされるかもしれませんが、そうではありません。叱りとは、子どもに反省と改善を促す指導法のことです。例えば、やさしい言葉かけや笑顔で伝える方法でも、反省と改善を促すことができれば、立派な叱りであって、伝わる指導だということができます。叱りに付きまとうネガティブなイメージから、叱りが子どもの成長にとって重要な指導法であるというポジティブなイメージに転換することが、まずは苦手意識から脱却するための第一歩です。

◉「気付かせる」を工夫する

　反省と改善を促すためにと、「これがダメだから反省しなさい」などと、あまりにも直接的に反省と改善を求めるような指導は、効果が期待できないだけではなく、子どもとの関係を悪くする要因となり、そのことによって、教師がますます叱りに対する苦手意識を強くしてしまうことでしょう。
　黙って様子を見守ったり、子どもと目線を合わせていくことによって、自然と子ども自身に過ちを気付かせていく方法もあります。間違いや過ちを指摘するのではなく、気付かせ方に工夫を凝らす叱りの指導によって、子どもが自ら反省するように導くことができます。

● 「予防」と「初期対応」を心がける

　特に叱りが苦手という教師こそ、子どもの誤った行いを防ぐための工夫や、気になる行動を初期段階で指導することを意識したいものです。

　例えば、学習に積極的に参加しない子を防ぐためにランダムに指名したり、誰か1人が手遊びを始めたらその子の側に行って肩に手を置いて、さり気なく注意をあたえたりするなどです。こうした直接的な叱りではない指導法こそが、じつは子どもにとってはもっとも効果的な叱りの指導となります。

ここがPOINT！

ADVICE！

子どもに反省と改善を促すことこそが叱りと考え、子ども自身が反省すべき行動に気付くような指導法に力を尽くすことが重要です。

8 | ほめるのが苦手な教師のための スキルアップのコツ

真に子どもの心に賞賛が届き、そこから意欲を引き出すためには、
決して、のべつまくなしにほめればいいというわけではありません。

● 「当たり前」を認めて伝える

　子どもを指導する日々を送っていると、子どもの小さながんばりに対
して、つい「当たり前」という感覚になってしまうことはないでしょうか。
もしも、「登校して当たり前」「静かに座っていて当たり前」などという思い
がよぎってしまったら、自分自身の考えを見直す必要があります。

　たとえ小さなことであっても、子どもの1つ1つの取り組みについて、
常に「がんばっているな」と認めていくことで、自ずと子どもの努力・成
長が見出せるようになっていきます。そして、一見気付かないような小さ
ながんばりを認め、ほめてくれる教師を、子どもは待っています。

● 「感謝の気持ち」を伝える

　教師としてのやり甲斐や充実感を得られるのは、子どもの成長する姿に
喜びをもらったり、子どもの小さな行動から感動をもらったりするからで
す。

　子どもの成長に関われることは、まさに私たち教師にとって感謝すべき
こと。そう考えると、「できた」と喜ぶ子どもの笑顔や、「負けた」と悔やむ
子どもの涙に対することができた感謝の気持ちを、惜しみなく子どもたち
に伝えることが、教師から子どもへの「お返し」ではないでしょうか。

◉ 同僚にも「素晴らしさ」を伝える

　相手が誰であろうが、感心や感動を素直に伝えることが大切です。ところが、子どもをほめることはできても、なぜか職員室においては同僚をほめる場面がどうも少ないことが非常に残念でなりません。

　無論、心にもない「ほめ」は不要です。しらけます。しかし、同僚の実践や取り組みに対して、素直に「いいね！」と伝えることができてこそ、目の前の子どもを認める力を高め、自然にほめる力を磨き上げていくことに確実につながっていきます。

ここがPOINT！

ADVICE！

子どもを指導することを生業とする教師は、ふとすると人の欠点ばかりに意識が行き、良さに気付けなくなる危険があるので要注意。

態度だけでは伝わらない

　私は若い頃、子どもを厳しく指導することが教師の務めであり、それが子どもに対する愛情だと信じて疑いませんでした。その思いは今でも変わりませんし、教育において正しい厳しさは不可欠であると考えます。しかし、ただ厳しくするだけでは、思いは伝わらないことを痛感する出来事がありました。

　20代半ば頃のこと、私が担任していた5年生のクラスには宿題をほとんどやってこない子がいました。私は、その都度「厳しい指導」を繰り返していたものですが、今思えば、問題になるような危険性をはらむ指導もあったかもしれません。しかし、どうしてもその子に、自分の弱い気持ちに打ち克つ心を伝えたかったのです。それが、その子に対する教師としての愛情であると信じていました。そして、宿題忘れが徐々になくなっていくのを見て、「気持ちが通じた」と思い込んでいました。

　「叱られた意味は今でも分からない。恐ろしかったことだけ覚えている」

　同窓会でその子が私に言った言葉に衝撃を受けました。当時、私は、厳しく叱った理由をちゃんと伝えているつもりでいました。しかし彼は、卒業して10年後に、ようやく私の意図を理解し、指導に納得してくれたのです。

　子どもだからこそ、分かりやすい言葉でしっかりと納得がいくように伝えなくてはならない。深く反省した出来事でした。

CHAPTER

2

\ 決め手はここ！ /

男女別 叱り方・ ほめ方ポイント

11 | 高学年男子の特徴を 生かした指導のポイント

高学年男子は、友だちと自分を比較する傾向が強いです。友だち
より優位に立ちたい心理を理解して指導しましょう。

● 「従わされる」感をあたえない

　一般的な高学年男子の特徴として挙げられるのは、友だちと自分を比較
するようになること。そして、周囲の評価を気にすることです。

　このような傾向がある男子がもっとも嫌うのは、命令に従うことを強要
されることです。「あなたが悪い」「謝れ」などと上から押さえつけて従わせ
る指導はもってのほか。たとえ自分が誤った行いをしたとしても、「従わさ
れる」と少しでも感じられれば、友だちの目を気にして指導を受け容れな
いだけではなく、反抗的な態度をとってきます。特に、クラスでリーダー
的な男子には、あからさまな命令口調での指導は避けるべきでしょう。

● しつこい追及は御法度

　反抗期や思春期にさしかかる高学年の時期において、特に男子に敬遠さ
れるのが教師からの「しつこい指導」です。お説教じみた言葉で繰り返し
指導したところで、反省は引き出せません。

　教師の指導に反抗的な態度を見せるのは、自分が悪いと分かっているか
らこそです。「分かりました。すみません」と言うまでしつこく指導する
のではなく、「考えてみなさい」とスパッと指導を終えるほうが考える時間を
あたえ、効果絶大です。

● 強さと勇気に訴える

　多くの男子は、幼い頃から「強さ」「勇気」に憧れをもつものです。「強い
ヒーローになりたい」「勇気がある人になりたい」と考える男子は、多様性
が叫ばれる今の時代においても決して少なくないはずです。

　こうした傾向の男子には、その気持ちに訴えながら指導することも効果
的です。「非を認めて勇気がある」「謝ることができて強い」など、彼らの心
をくすぐる言葉かけによって教師の指導を受け容れやすくするよういざな
い、子どもとの関係づくり、信頼関係づくりにつなげていきましょう。

ここがPOINT!

ADVICE!

高学年男子は、無理に従わせる指導やしつこい指導には拒絶反応を
示す場合が多いため、簡潔に一言指導して去る程度が効果的です。

21｜高学年女子の特徴を生かした指導のポイント

高学年女子は、男子よりも精神年齢が高い傾向があり、子ども扱いされるのを嫌います。指導のカギは、きめ細かく丁寧にです。

● 少し距離を置いて接する

それまで親しく接していたのに、教師に急によそよそしい態度になってしまうことが、高学年女子との関わりの中ではよく起きます。ファーストネームで読んだり、なれなれしく接したりするなど、過度に距離を縮めようとして高学年女子に友だち感覚で接すると、軽く扱われていると感じて、そっぽを向かれることもあります。

高学年女子との関わり方のポイントは、子ども扱いせずに適度な距離を保つことです。特に男性教師は、大人の女性と接するつもりくらいの距離感で指導することが鉄則です。

● 相手の意向を確認する

相手に悩みごとや困りごとがあると分かった場合も、行動の前にまずは本人の意思を確認することが大切です。よかれと思って、迅速に対応したところ、それが教師の独断によるものであれば逆効果です。

例えば、トラブルが発生したとき、本人の意思を確認せずに教師がどんどん対応を進めてしまうと、「余計なことをしないで」と感情的になり、トラブルを解決できないばかりか、その子との関係においても別のトラブルが起きかねません。

◉ 過度に深入りしない

　いじめ問題は別として、特に高学年女子の日常的な友だち関係には、教師が深入りしないことが基本です。思春期に入り、彼女たちは自分なりの考えをもつ傾向が強くなります。むやみに教師が首を突っ込もうとすれば、「私の立場を分かってくれない」「相手の肩ばかりをもつ」などと、矛先を教師に向けたり、感情的に抗議してきたりすることもあるでしょう。

　特に男性教師は、最大級の注意が必要です。関わり方によっては、取り返しがつかないほど関係を悪化させる危険性もあると心得ましょう。

ここがPOINT！

ハナちゃん！ ノート
運ぶの手伝ってよ！

なによ、ハナちゃん
なんて、なれなれしい～！
もう、子どもじゃないん
だからね！！！

ADVICE！

高学年女子は、子ども扱いや特別扱いを特に嫌悪します。話し方や表現、相手の意思確認などにおいても、丁寧な対応が不可欠です。

3 | 高学年男子への叱り方 基本の「き」

メンツにこだわる高学年男子は、たとえ教師であっても、屈服させられると感じる指導に対して強い抵抗感を示します。

● 簡潔にあっさりと

　特に友だちの目を気にする時期でもあるため、高学年男子は、しつこく指導されることを非常に嫌がります。もしも、時間をかける指導が必要な場合は、別室で行うなど、他の子どもに見られない場づくりをするといった配慮が必要です。

　また、自分の非を素直に認めることができるのが、男子の良さでもあります。多くの指導では、「悪いことは悪い」と簡潔にあっさりと伝える方法が、彼らにとっては受け容れやすく効果的です。

● 意思決定を促す

　たとえ教師からであっても、「〜が悪い」「〜しなさい」と注意されれば、服従させられたように感じ、周囲の友だちの手前もあってか、素直に反省できないのも高学年男子の傾向の1つです。ですから、「どこが悪かった？」「どうしよう？」など、子どもが自分の口から反省と改善の言葉を述べられるような問いかけを用いて導いていきましょう。

　自らの意思で反省・改善ができたと実感させることが、高学年男子のプライドを保ち、メンツを立てることになり、それが結果として彼らの成長へとつながります。

● 反省の態度を無理強いしない

　頭では理解していても、素直に態度に表せないのが高学年男子でもあります。叱っている最中にそっぽを向いたり、ふざけた物言いをしたり、反抗的な言葉を投げかけてきたりすることもしばしばでしょう。

　このような態度は、視点を変えれば、自分の非を理解していることの表れととらえ、そのままやり過ごすほうが功を奏します。態度を改めさせようと教師が躍起になれば、その分、反抗心が増大し、反省する気持ちを奪うことにもなりかねません。また、教師との関係も悪化させてしまいます。

ここがPOINT！

ADVICE！

高学年男子は、とにかく友だちに対するメンツにこだわります。周囲にどう思われるかを、教師も指導の際にイメージしましょう。

035

4 | 高学年男子へのほめ方 基本の「き」

女子以上に、ほめられたい気持ちが強い男子たち。ほめることで
伸びる子も多く、教師との関係へも好影響を及ぼします。

● 頼りにする

　高学年男子は、人の役に立つことをしてほめられたり、頼りにされたり
することで自信をもち、満足感を得る傾向があります。そのため、ほめる
場合には、「とても助かったよ」「またよろしくお願いね」などというように、
頼りにしていることを強調して伝えると効果的です。

　特に女性教師の場合、力仕事を頼んで、意図的にほめどころをつくるよ
うにすれば、高学年男子は教師を受け容れ、信頼するようになります。

● みんなの前でほめる

　競争心が強く、集団の中での自分の立ち位置をとても気にするのも高学
年男子の特徴です。その上、案外単純な面もあるため、大勢の前でほめら
れることに対して高学年女子のような抵抗感を抱く子どもが非常に少ない
です。

　一見ぞんざいな態度をとってはいても、照れくさいだけで、内心は嫌
な気分になってはいないはずです。もちろん、高学年という多感な時期に
も入ってきていますので、大げさにアピールするようなほめ方は避け、他
の子にも分かるように、しかし、さり気なく短い言葉でほめるようにしま
しょう。特に女子が見ているところでさり気なくほめるのも、効果的です。

● ほめどころを把握する

　ほめられることが好きだといっても、低学年の子どもたちのように、ど
んなことでもほめられれば喜ぶというわけではありません。高学年にもな
れば、「こうなってほしい」という教師の都合や下心でほめられていること
をちゃんと見抜いてしまいます。高学年男子の行動や表情をしっかりと観
察して、がんばりや成長が見られたら、その場面を素早く取り上げてさり
気なくほめることが大切です。子ども自身も、自分自身で実感したがんば
りや成長をほめてほしいと思っているはずです。

ここがPOINT！

力持ちだね！
とっても
助かるよ!!!

休み時間なのに
ありがとう！

こんなの
軽い軽い！

先生、また
いつでも
言ってよね!!

ADVICE！

男子は努力や成長をほめてほしいと願っています。そして、そうした
自分の姿が周囲に伝わることで自信をもち、次への原動力にします。

5 | 高学年女子への叱り方 基本の「き」

高学年女子に対する叱りは、最難関の指導と言っても過言ではありません。しっかりと丁寧にポイントを押さえましょう。

● 頭ごなしの指導は厳禁

　高学年女子への叱りは、対応を誤ると、教師の指導を一切受け付けなくなり、学級経営を左右するほど重篤な状態になる場合もあるため、細心の注意が必要です。特に頭ごなしの指導は厳禁です。たとえそのとき、あからさまな反発を見せてはいなくても、ほぼ確実に関係は断ち切られたものと思って間違いないでしょう。

　彼女たちは、信頼できないと一度思い込むと、その後、まったく相手を受け容れようとはしません。厳しい言葉づかいをしないことは言うまでもなく、決めつけや命令と感じさせるような言い回しとならないよう、とにかく伝え方には十分気を付けましょう。

● 注目・承認されたい気持ちを忘れずに

　良いことで注目されたり、他者から認められたりするのを嫌がる子はいません。特にこの時期の女子は、過度なスポットには当たりたくないとは思いながらも、一方では「注目してほしい」「承認してほしい」と思って生活しています。日頃から、積極的・意図的に関わりをもって、小さな行いこそ丁寧に認めていきながら信頼関係を築いておくことが、いざ叱る必要がある場面で効果を発揮します。

● 叱りは2割を基本に

　高学年女子は、「自分が他人からどのように見えているのか」を非常に気にしています。この点についての配慮をおろそかにしてしまうと、「先生は私のことを良く思っていない」ととらえてしまうでしょう。

　彼女たちには、教師が自分の味方だと感じさせる適切な対応が何よりも重要です。高学年女子の叱りは保護者対応と似ている点があり、例えば、修正点を2つ伝えるためには、良いところを8つ伝えるようなイメージで指導していくのが鉄則です。

ここがPOINT！

ADVICE！

周囲から自分がどのように見られているかの意識も高いため、「〇〇さんだから言うよ」など、その子を認めた上で叱りましょう。

6 | 高学年女子へのほめ方 基本の「き」

「誰が言ったか」で受け容れの可否を決定するのが高学年女子です。そのため、ほめの方法はもちろん日頃の関係づくりが重要です。

● 気さくに話しかける

特に高学年女子は、わざとらしくほめられることを非常に嫌います。関係づくりを目的にして、ほめ言葉で近づこうものなら、「わざとらしい」となって避けられてしまうでしょう。

挨拶程度のさり気ない言葉を、毎日教師が意図的に機会をつくって投げかけることで、少しずつ「気さくな先生」と受け容れてもらうことができます。その際、積極的に話しかけてくれる子もいますが、そうではない子に対しては、返事を無理強いせず、あくまでも気軽なかたちで言葉をかけていくことを心がけるのが大切です。

● ささやかな善行をさり気なく

本棚の傾いた書籍を揃えたり、落ちている鉛筆を机に戻したりなど、何気なく気持ちのいい行動を自然にできる子が多いのも高学年女子です。こうした機会を逃さず、本人がほめられるようなことだと思ってもいない自然な行いこそを取り上げて、「ありがとう」「すてきな行いだね」などと、さり気なく伝えることが、最高のほめ言葉となって伝わります。

高学年女子の「気の利く行い」には、特にアンテナを広く張り巡らせておきましょう。

● 外見にからめたほめは絶対NG

　高学年にもなると、女子は服装や持ち物、容姿などをとかく気にします。まさに、これが大人への一歩とも言えるかもしれません。だからこそ、容姿や服装など、外見に関わるほめは絶対に控えるべきでしょう。

　相当に気を許している相手でない限り、たとえ家族であっても、外見について触れられることを、この時期の女子は非常に嫌がります。また、教師のさまざまなハラスメントが取り沙汰される昨今は、特に気を付けておかなければならない重大注意事項だと心得ましょう。

ここがPOINT！

ADVICE！

話しかけられるのが嫌いではない高学年女子。むしろ、おしゃべり大好きです。日頃から何気ない言葉かけで話しやすい関係づくりを。

7 | 手に負えないやんちゃ男子 への叱り方・ほめ方

指導をもてあますほどのやんちゃな男子は、ほめ方・叱り方の工夫で主導権を保持しつつ良好な関係をつくるのがカギです。

◉ 無理に従わせない

　この時期の男子は、権威や権力といったものに対して拒絶心が強くなります。「手に負えない」ほどのやんちゃな男子は、特に教師に対して反抗的な態度をとります。素直に指導を受け容れることは、まずありません。

　いかに教師の指導が理に適っていても、クラスの中で教師以上に影響力をもつ可能性もあるため、強引に従わせるのは逆効果です。指導内容をしっかり伝えるにとどめるくらいでよしと考えておきましょう。態度は反抗的でも、じつは教師の話はしっかりと聞いているはずだからです。

◉ 細やかな観察とさりげない容認

　反抗的な子ほど、教師の動向に敏感です。また、教師が自分をどう思っているのかに大きな関心をもっているものです。

　こうした子どもの様子をじっくり丁寧に観察し、たわいない行動に対してもさりげない言葉で評価することを繰り返しましょう。教師が自分を従わせる存在ではなく、自分を理解しようとする存在なのだと、子ども自身に認識させていくことが、やんちゃな男子を「手に負えない子」にしないポイントとなります。

● 余裕で接して上に立つ

　教師も人間です。子どもにあまりにも反抗的な態度をとられると、思わずムキになり、強い口調や威圧的な態度で対応しそうになることもあるでしょう。しかしそれは、子どもと対等になってしまうということです。そして、教師と子どもが対等であることを、相手の子どもだけではなく、まわりで見ている子どもたちにも、暗に伝えてしまうことになります。

　たとえ挑発的な態度で向かってきたとしても、軽く受け流し、冷静に対応することで、教師が主導権を握った上での指導を行うことができます。

ここがPOINT！

ADVICE！

教師と張り合って反抗的な態度で向かってくる男子には、観察を怠らず、小さな行いを評価しながら指導するのが効果的です。

8 | やっかいな女子への叱り方・ほめ方

自分に都合のいい理屈を並べたり、急に無視してきたりするなど、気分屋でややこしい高学年女子は、「受け止める」がカギです。

◉ 受け容れる姿勢や視点で接する

やっかいな高学年女子の存在は、教師を翻弄します。しかし、屁理屈をこねられたり、無視されたりしても、決してその子に苦手意識をもたないように努めましょう。そのためにも、「屁理屈を並べるのは、自分を守るため」「無視するのは、もっと自分に関わってほしいから」といった考え方で彼女たちを見てみることです。すると、「手に負えない」と思っていた子の良さやかわいさが見えてくるものです。

特に、こうした女子は相手の気持ちを感じ取る力にすぐれています。自分を受け容れてくれる教師を拒絶し続けることはありません。

◉ 気付かない素振りで自然に接する

理屈っぽい反抗や無視の態度には、たとえ教師であってもカチンとくることもあります。しかし、そのような態度について厳しく指導したところで、まったく効果が得られないだけではなく、子どもとの関係を断絶させてしまう危険性があります。

どんなに失礼と思われる態度をとられても、まずは気付かない素振りでその場を離れましょう。そして、少し時間を置いて話しかけてみると、何事もなかったかのように普通に接してくれることでしょう。

● ほめながら指導する

　やっかいな高学年女子を叱るのには、非常に気をつかうものです。もし
も、当の本人や周囲が「叱られた」と受け取るような指導をすれば、修復
が不可能なほど関係を悪化させてしまう可能性があります。

　「あなたならできると思うから伝えているよ」を指導の基本に据えて、
絶対に「ここを直せ」のような強硬な指導をしないことです。むしろ発想
を転換して、本人の良い点を伝え、ほめられているように感じさせながら
修正点にも気付かせていくアプローチの仕方が最適です。

ここがPOINT！

ADVICE！

反応からややこしさを感じる女子には、まずは叱りの指導は控え、
その子を理解し、良さを見つけながらの関係づくりに努めましょう。

苦い思い出

　何かと問題が多いと評されていた女子を、5年生で担任することになりました。ある日その子が、学校にお菓子を持ち込んで食べたことについて注意したときのことです。最初だからと、そのときはやさしく戒める程度で指導を終えました。彼女が、「分かりました」と素直に反省している姿にも、私は安心していました。ところが次の日、再びその子が隠れてお菓子を食べていたという情報を耳にしました。「昨日の反省の姿は嘘だったのか」と、私はひどく裏切られた気分になり、その子を呼び出して大きな声で厳しく指導しました。その瞬間から、その子は私の指導をまったく受け付けなくなってしまったのです。何をしても逆らい、何を言っても無視。私はついに、その子の良い部分に目を向けることができなくなってしまいました。その翌年、彼女との距離を縮めることができないまま、私は転勤することになったのです。

　その後、管理職を拝命し、子どもを「遠く」から眺める立場になると、少々の子どもの行為も赦せるようになってきました。挨拶をしても無視してツンと通り過ぎていく姿も、「思春期なんだな〜」と何だかかわいらしく思えてしまいます。あの頃の私に、今のような心の余裕があったらなと、当時の指導を何度も反省しつつ、現在の私自身への戒めの1つとして嚙みしめています。

CHAPTER

3

\ 落ち着きや成長を引き出す！ /

生活指導場面での
叱り方・ほめ方

11 | 叱り方の押さえどころは大人としての扱い

高学年は、子ども扱いされることに強い嫌悪感を抱きます。自分なりの考えをもつ1人の人間として扱うのがカギです。

◉ 子ども自身に考えさせる

　思春期の子どもは、たとえ教師からであっても、上から目線で意見されることに反発します。自分が間違っていると分かっていても、押し付けが強い指導には、自分を否定されるように感じます。

　教師の考えを直接伝えるのではなく、「あなたはどう思う？」「なぜ、失敗したと思う？」などの問いかけによって、子どもが自分自身で間違いを言いやすいように導く叱り方をしましょう。教師の意見を押し付けるような叱り方は、特に避けるべきです。

◉「I（アイ）メッセージ」で伝える

　「しなさい」「してはいけない」などのいわゆる「Youメッセージ」は、相手に「命令された」と受け取られる叱り方です。例えば、大人相手に「しなさい」「してはいけない」などと叱ることはまずありません。

　何かと反発する高学年の子には、「先生はこう思うけれど、あなたは？」という「Iメッセージ」を使うことで、教師の指導が伝わりやすくなると同時に、子ども自身に考えさせる機会を自然なかたちであたえ、良好な関係づくりにもつながる効果的な叱りになります。

● 自分に約束させる

　教師からの改善要求は、子どもにとっては「命令に従わされる」ことに他なりません。そして、大人からの意見を素直に受け容れることができないのが、高学年の時期です。

　そこで、子どもの反省と改善を促すために、「自分自身と約束させる」という方法が効果的です。自分に約束させることで、反省と改善に対する抵抗が少なくなります。次はどうするかを問い、子どもの口から出た改善策を守ることを約束するように促します。

ここがPOINT！

ADVICE！

教師の考えを押し付けたり命じたりするような叱り方は、指導の意図が伝わらないだけではなく、関係悪化を招いてしまうため要注意。

2 | ほめ方の押さえどころは「伝聞」の活用

ほめのポイントは、面と向かってよりも、自分がいないところで言われること。うれしさは何倍にもなります。

● 「伝聞ほめ」は強い信頼感をあたえる

　他人の目を非常に気にする傾向にある高学年の子どもたちは、ほめられることにおいても、直接聞かされるより、他の人を通じて伝わる言葉により信憑性を感じます。これは、自分がいないところで悪口を言われたときのショックの大きさに類似するとも言えるでしょう。

　そして、自分のいないところでほめてくれる相手のことは、「本当に自分の良さを理解してくれている人」と感じ取ります。例えば、日頃から厳しく指導している子の場合、その子の友だちにその子の良さを認めていることを伝えておけば、「自分を本当に心配してくれる教師」と信頼を置いてくれるようになります。

● 多用を効果的にする「伝聞ほめ」

　ほめ言葉も頻繁に用いると、重みがなくなります。ましてや高学年ともなると、ほめを連発する教師をバカにする子さえ出てきかねません。

　しかし、他者から何度も伝え聞くほめ言葉は、聞かされれば聞かされるほど、喜びと自信が大きくなるものです。直接関わりづらい子がいたら、他の子との会話の中で、その子の話題をさり気なく出しながら、良さを口にしていくように努めましょう。

● 女子へのほめ言葉は友だちを解して伝える

　面と向かってほめられることを嫌がる子が、特に高学年女子には少なくありません。理想と現実のギャップからくる劣等感で、ほめ言葉を逆にプレッシャーに感じる子もいるのです。クラスの中で急にスポットを浴びたり、注目を集めたりすることに不安や恐怖を感じる子もいるでしょう。

　そこで、高学年女子をほめるときこそ、その子がいないときの友だち関係の会話の中で、その子を認める話題や良さを伝える話をしていくようにします。そうすることで、教師の気持ちが効果的に伝わっていきます。

ここがPOINT！

ADVICE！

教師のほめ言葉が伝わるように、会話の中で「〇〇さんはここがすごいね」などとその場にいない子を具体的な表現でたたえましょう。

3 | 挨拶

- なかなか挨拶をしない子への叱り方
- できている子・できるようになった子へのほめ方

叱り方の指導例

● 無理強いの挨拶は逆効果

　高学年でも、挨拶ができない子は少なくありませんが、そのような子は挨拶をする経験が不足しているためだと考えられます。そこで、学校や教室を、挨拶をするのが当たり前の場にする必要があります。そのためにも、教師が毎日率先して挨拶をし続けることが大切です。たとえ子どもから返ってこなくても、明るく元気な挨拶を繰り返していくことです。

　挨拶が返ってこないともちろん良い気はしませんが、「挨拶しなさい」と憤りをぶつけるような強制的指導では、挨拶がもつ本来の意義からも本末転倒です。挨拶の指導は、第一に「心地よさを保つ」がポイントです。

子どもの将来を真剣に考えれば、挨拶ができるように指導していかなくてはなりません。人と挨拶を交わすことによる気持ちの良さと、社会で生活する上での挨拶の重要性を丁寧に伝えていくことを心がけましょう。

ほめ方の指導例

先生、おはようございます！

○○さん、おはよう！

ありがとう。あなたのすてきな挨拶で元気が出るよ！

● 挨拶の良さをとことん伝える

　子どもが挨拶をしたり返したりすることを、当然のことと考えず、素晴らしいことなのだと、大げさに喜びを表現しながら態度で示して伝えるようにしましょう。例えば、「ありがとう！　先生、とっても元気が出たよ」などと、その場でまわりの子どもたちにも伝わるようにほめるのです。

　そして、時折、朝の会や帰りの会などで、挨拶の大切さや意味、挨拶を交わしたときの気持ちの良さなどを、エピソードを交えながら子どもに伝えることも大切です。教師が挨拶を大切にし、自ら率先して行動することで、挨拶ができるクラスに育っていきます。

4 | 身だしなみ

● 乱れている子への叱り方
● ふさわしい身だしなみの子・できるようになった子へのほめ方

叱り方の指導例

● 自分の心に問いかけさせる

　高学年になると、服装や髪型などが乱れてくる子が増えてきます。目の置き場に困るような服装や頭髪を染める子、ピアスをする子もいます。

　昨今は個性尊重の風潮ですが、学校生活に適さない身だしなみは指導する必要があります。たとえ子ども自身が納得しなくても、保護者に理解と協力を求めなくてはなりません。その上で、身だしなみが乱れている子に対して、学校で学習活動をするのに適した服装とはどのようなものかを根気よく問い続けていく姿勢が大切です。教師に対して反抗的な子でなければ、子どもなりに考えるようになります。

高学年になって、おしゃれに興味をもつ子も増え、学校生活にふさわしくない格好で登校する子も出てきます。周囲に良くない影響を及ぼしかねない身だしなみの乱れは、見逃さずに、しっかりと指導する必要があります。

ほめ方の指導例

今の髪、とっても良く似合うよ！
あなたの良さは、誰にでもやさしいところだよ！

before
after

● 本当の個性について考えさせる

　ファッションや流行に興味をもつ時期ですが、目立って輝いている子は、見栄えではなく懸命に活動に取り組む姿勢や前向きな気持ちで個性を発揮しています。小学生の時期だからこそ力を発揮させなければならない、学習や友だちとの関係づくり、スポーツや習いごとなどにしっかり取り組むことが、自分らしさをかたちづくっていくことになると教える必要があります。機会をとらえ、クラスで「自分らしさ」について考える時間を設け、日頃から身だしなみを整える意識を育てることも、高学年の時期には重要です。同時に、その子自身の個性を認める言葉かけが不可欠です。

5 | 時間厳守

- 遅刻をする子への叱り方
- 時間が守れている子・守れるようになった子へのほめ方

叱り方の指導例

● 時間を守れている子を大切にする指導

　時間を守れない子を待って注意するような指導は、時間を守れている多くの子を大切にしていない指導です。一部の守れない子のために、守っているほとんどの子の努力や時間を無駄にすることになるからです。できている子を大切にしながら、守れていない子の反省を促すために、授業開始時間になったら活動をスタートするようにしましょう。

　他の子が活動に取り組んでいる様子を見て、遅れてきた子は反省せざるを得ない状況に自ら気付きます。待ってもらえないと分かれば、時間を守ろうという自戒の気持ちを芽生えさせることができます。

時間意識の欠如は、学校生活におけるさまざまな取り組みでの秩序の乱れを招く危険があります。子どもたち自身に時間厳守をする意識をもたせ、実際に行動できる力を身につけさせる指導が大切です。

ほめ方の指導例

● 素早い集合や活動開始の実行力を高める

　時間を守る子を大切にする指導により、時間厳守が当たり前にできるようになると、他のさまざまな規律も守ることができるクラスになっていきます。そのためにも、時間厳守が身についてきても、それを「当たり前」とは考えずに、機会あるごとにほめる言葉かけを忘れてはなりません。

　そして、開始前に素早く集合できるようにしたり、給食準備や掃除の取りかかりがスピーディになるように指導を工夫したりして、クラス全体で力を高める指導に努めましょう。時間への意識をアップさせることで、子どもたちは学校生活をより充実させて送ることができるようになります。

6 | 整理整頓

- いつも身のまわりがグチャグチャな子への叱り方
- 整理整頓ができている子・できるようになった子へのほめ方

叱り方の指導例

● 完璧な整理整頓を求めない

　整理整頓が苦手な子は、机の中はもちろんのこと、机・ロッカーまわりまで持ち物を散乱させているものです。持ち物を床や机上など人目に付く場所に散乱させない指導を徹底しなくてはなりません。

　まずは、自分の持ち物を机やロッカー、ランドセルにしまうようにさせます。教科書やノートなど使用頻度が高いものは机の中に、家庭への連絡といった重要書類はランドセルにと、大まかな整理の仕方だけをしっかり教え込みます。そして、「机やロッカーまわりには物を置かないこと」に気を付けさせます。最初から完璧な整理整頓を求めることは避けましょう。

高学年になっても、身のまわりの整理整頓ができない子がいます。ただ単に、「片付けなさい」と注意するだけではなく、整理整頓ができない（やらない）理由を丁寧に確かめてから対応する必要があります。

ほめ方の指導例

● 整理整頓術を考え合う場を設ける

　整理整頓ができない子は、整理整頓の必要性はもちろん、やり方自体を理解しておらず、整理整頓の方法が身につきません。子どもたち同士で教え合うことができる学校生活の長所を利用して、時々機会をつくっては、クラスで整理整頓の方法を紹介・共有する時間を設けましょう。

　クラスには、いつも身のまわりを美しく整頓し、持ち物の管理が上手な子がいるものです。そうした子にコツを披露してもらい、共有していきます。参考にしたい方法、できそうな方法を考えながら聞くように指導し、特に苦手な子には、個別に聞き取りをしながら実践を促していきます。

7 | 友だち関係

● ケンカばかりする子への叱り方
● 友好的な子・ケンカしなくなった子へのほめ方

叱り方の指導例

● 相手の立場に立った指導を繰り返す

　友だち関係でトラブルの多い子は、自己中心的な考え方で不信感をあた
え、友だちに迷惑をかけてしまうケースがほとんどです。言い争いや陰口
を言うなどのトラブルが発生したら、教師が丁寧に事実確認を行い、原因
を明らかにした上で、自分のどのような行為が相手の気分を害したのか、
相手の立場に立ってイメージさせながら考えさせるようにしましょう。

　その上で、相手の気持ちを考えない自己中心的な行動によって、周囲か
らどのように思われるのかを考えさせます。友だち関係がより重要になる
高学年だからこそ、良好な関係の築き方に気付かせる指導が大切です。

高学年の子にとって、友だち関係は学校生活の中でももっとも重要な関心事と言っても過言ではないでしょう。しかし、なかには友だちとうまく関わることができなくて、頻繁にトラブルを起こす子がいます。

ほめ方の指導例

● 感情をコントロールする力を伸ばす

　人との関わり方が分からない子や苦手な子はクラスに少なからずいます。特に最近では、SNSやオンライン形式の授業などの影響により、直接友だちと会話をする機会も減ってきました。そうした変化も起因して、相手の気持ちを理解しようとせずにトラブルになるケースが増えています。教育現場でも、感情をコントロールする方法や人との上手な関わり方など、さまざまなプログラムが導入されてきました。友だちと良好な関係を築き、トラブルを防ぐためにも、こうしたプログラムを活用しながらクラス全員で考える機会を設け、その姿勢を評価しながら成長を引き出しましょう。

8 | 登下校のルール

● 登下校のルールを守らない子への叱り方
● 守れている子・守れるようになった子へのほめ方

叱り方の指導例

● 最悪の事態をイメージさせる

　登下校のルールを守ることは、他でもなく「命」を守ることなのだと指導しましょう。信号無視をはじめ、狭い歩道で追いかけっこをしたり、小石や空き缶を蹴飛ばしながら歩いたりと、高学年になっても安全に無頓着な子は少なくありません。下校時に遅くまで寄り道をして親に心配をかける子もいます。ルールを守らない行為を把握したら、それによって引き起こされる危険性を具体的に考えさせます。「自動車にひかれる」「蹴った小石や空き缶が通行人や自動車にあたる」など、子ども自ら必ず反省の言葉が出るはずです。登下校のルール厳守は、命を守ることだと強く伝えます。

教師の目が届かない登下校時は、日頃からの指導の繰り返しにより、子ども自身の意識を高めていくしかありません。高学年としての自覚や安全に対する意識・注意力を底上げしていく言葉かけが重要です。

ほめ方の指導例

● 互いに注意し合えるような関係に導く

　ルールを守らず危険な行いをする子だけではなく、クラスや学年全体でルール確認を徹底していきます。学校外では教師の目から離れるため、子どもたちのルールを守る意識を高め、互いに注意し合える関係へ導く必要があります。そのため、ルールを守らない子について報告してくれたり、直接注意してくれたりする子は、全体の前で取り上げて、ほめていきます。

　加えて、下学年の手本となる意識も高めることが大切です。「ルールを守らない下学年の子がいたら、高学年のあなたたちに注意をお願いするよ」と自尊心をくすぐりながら、ルールを守る集団へと育てていきます。

未来を見据えて

　そもそも、なぜ私たちは子どもを叱るのでしょう。子どもを教えるプロである教師は、この質問に対する「揺るぎない解」をもっておかなければなりません。子どもを叱るとき、私たちは感情を揺さぶられています。つまり叱りという行為は、相手の言動にカチンとくるというように感情を揺さぶられるところからスタートします。叱りは、常に感情とともにあると言えます。だからこそ、教師自身がしっかりと叱りの意味を腹に落とし、子どもを叱る目的を自分のものにしておかなければなりません。そこが揺らぐと、感情に流され、叱りという行為が相手のためのものではなく、自分自身の感情を収めるための行為になってしまいます。

　「ここで叱らなければ、この子はどんな大人になってしまうのか？」

　人の道からはずれたり、社会のルールを逸脱したりしかねない行為をしたときに、親や教師は子どもを叱ります。それは、常に子どもの未来を見据えてのものであるはずです。私たちが目の前で行う叱りという行為は、今現在の子どもたちを戒めるためであると同時に、その子が将来、人として社会人として間違いのない人生を歩むことができる道標をあたえたいという考えによるもので、だからこそ精一杯の愛情を込めて叱っているのはないでしょうか。

　教師の叱りは、常にそうありたいと私は思っています。

CHAPTER

4

\ 子どものやる気をグッと引き出す！ /

学級活動場面での
叱り方・ほめ方

11 | 叱り方の押さえどころは「意味」「理由」の説明

日頃から、叱りの意味を具体的に伝えていきながら、「なぜ、今叱るのか」の理由をしっかりと理解させましょう。

● 「叱り」の意味を確認する

　子どもを叱るのは、言うまでもなく、子どもを正しい方向に導いてより良い成長を願う気持ちが根底にあるからです。そうであるからこそ、教師は子どもの成長を願う気持ちに自信をもって指導することが大切です。

　具体的には、「あなたが大切だから叱る」「叱られる人は幸せ」と、日頃から叱りの意味を丁寧に子どもに考えさせながら伝えていくことで、子どもは自分を叱ってくれる教師を信頼するようになります。

　それにはまず、教師自身が叱りを肯定的にとらえなくてはなりません。

● 「導く」で理由を納得させる

　しかし、どれだけ子どもに対する思いが強くても、それが子どもに伝わらなければ何の意味もありません。特に高学年の子どもたちには、言葉でしっかりと教師が叱る理由を伝え、納得させた上で、叱りの指導を受け容れさせることが重要です。

　このとき、一方的に教師から説明するのではなく、「なぜ叱られると思う？」「どこがいけなかったと思う？」と、子ども自身にも叱られる理由を考えさせるように導くことで、子どもは納得し、叱りを受け容れて反省することもできます。

● 冷静に向き合う

　高学年にもなると、叱られることに対する防御も上手になります。屁理屈を言って逃れようとしたり、あからさまに反抗的な態度で挑発したりする子もいます。そのような態度をとる子に対して、教師がまともに正面から対峙するのは大人気がありません。

　一段上から見下ろすイメージで、冷静に子どもを観察しながら対応するのが鉄則です。状況を俯瞰しながら落ち着いて子どもに対することで、子ども自身の落ち着きを引き出し、心からの反省を促すことになります。

ここがPOINT！

どんなときに、叱られる？

もし、叱ってもらえなかったら、どうだろう？

それは困るよ

悪いことをしたとき

叱られるのは嫌だけど、ちゃんと間違ってるって、教えてほしい

自分が間違った行いをしたとき

大切だから叱ってくれるんだと思う

ADVICE！

「叱り」の意味を考えさせ、子ども自身に叱られることの意味やありがたさを理解させることで、教師の真剣さを伝えていきましょう。

21 | ほめ方の押さえどころは「目立たないこと」への焦点化

子どもの「できる」にこそアンテナを張り巡らせ、小さな努力や成長に敏感になり、どんどんスポットを当てましょう。

●「当たり前」に感動する気持ちを

　教師という仕事をしていると、忘れ物をしないことも、挨拶ができることも、毎日ちゃんと登校することも、すべてができて当たり前という感覚になってしまうことがあるかもしれません。しかし、「できて当たり前」という考えで子どもに接すると、子どものがんばりや成長が見えなくなってしまいます。ましてや、子どもの「できること」より「できないこと」に意識がいきがちになってしまう危険性もあります。

　「挨拶ができて素晴らしい」「忘れ物がなくてすごい」「登校してくれてありがとう」という気持ちで、毎日子どもに接する姿勢をもちたいものです。

● さり気ない言動にアンテナを張る

　忙しい毎日を過ごすうちに、子どもを見ているようで見ていないということが生じる危険性もあります。子どものほめ時は、その時その場の一瞬が勝負です。特に高学年の場合、ほめ時を逃せば、ほめることによって期待できる子どもの成長の機会を逃すことになり、さらには教師との信頼関係づくりの機会も失うことになります。

　いつもアンテナを張り巡らせて、たとえ小さなことでもほめどころを逃さないようにしましょう。

●「ほめの輪」を広げる取り組みを

　机上に教科書やノートを準備して授業開始を待っていたり、さりげなくトイレのスリッパを揃えたりするなど、それほど目立たないけれども素晴らしい行動をする子が少なからずいるものです。そのような素晴らしい行いに対しては、教師が積極的にクラスに拡散していくことが大切です。

　取り立てて名前を添えなくても、「こんな素晴らしい行いをする子がいます」と紹介していくことで、当人の自信になることはもちろん、他の子にも確実に影響を及ぼして素晴らしい行いを広げる一波になります。

ここがPOINT！

ADVICE！

できていない子には、自然に目がいくものです。より意識して、「できている子」を発見し、ほめていく努力を続けましょう。

3 | 朝の会 & 帰りの会

- 協力しない子への叱り方
- 協力的な子・協力できるようになった子へのほめ方

叱り方の指導例

●「自業自得」を実感させる

　朝の会や帰りの会を、「自主性や主体性を高める機会」ととらえましょう。会の内容や進行の仕方を確認し、その後は自分たちで進められるように指導します。最初のうちは、自分勝手な行動で会の進行を妨げる子がいますが、取り立てて注意しないでおきます。すると、いつまでたっても会を始めることができないので、特に帰りの会では他の子たちから不満が出るはずです。協力的でない子を厳しく指導するよりも、「会が終わるまで下校できないね」などと全体に向けてつぶやき、自浄作用に任せるほうが指導の効果は高いのです。子どもが気付くまで観察し続ける姿勢が大切です。

高学年のクラスでは、朝の会や帰りの会を子どもたち自身で運営し、進めていくことができるのが理想です。そのためには、1人1人がやるべきことを自分で考え、実行できる集団に高める必要があります。

ほめ方の指導例

● 向上を実感させる一工夫

　子どもの自主性を高めるためには、できていることやできるようになったことを認めてほめることが重要です。そのためにも、子どもが自分たちの成長を実感することができるように、会を始めるまでにかかった時間や無駄な発言をした子の人数などを記録し、可視化して伝えるなどの工夫が効果を発揮します。また、非協力的な態度や妨害になるような行動をしていた子が態度を改めた場合は、必ずほめて、認めることが大切です。

　「前の自分より向上した自分」を実感させることで、子どもの自信と意欲を喚起し、自主性を引き上げながら成長させていくことができます。

4 | 学級ルール

● 自分勝手な子への叱り方
● 守れている子・守れるようになった子へのほめ方

叱り方の指導例

● ルールで縛られる不自由さを実感させる

　そもそも、善悪や良し悪しを自分で判断して行動に移すことができれば、細かなルールは必要ありません。ルールを破り、他人に迷惑をかける言動が多ければ、それだけ細かなルールで個々の行動を規制しなければならなくなります。高学年になってまで、一挙手一投足に至るまで細々としたルールで縛られることをよしとする子はいないはずです。

　「守らなければ、ルールで縛られる」ことを、当の子ども自身に伝えるだけではなく、機会あるごとにクラス全員でじっくり考えさせる機会を設けて、自分たちでルールを守ることのできる集団へと育てましょう。

高学年では、クラスにおけるルールを自主的に守る力を身につけさせたいものです。なぜルールが必要で、また、ルール破りが横行するとどういう結果を招くのかを、日頃から具体的なイメージをもたせながら考えさせていくことが重要です。

ほめ方の指導例

● 自尊心を刺激する

　高学年の時期は、「子ども扱い」されることに抵抗を示す子が少なくありません。自分でルールを守っていたり、守ることができるようになったりしたら、小さなことでも取り上げて、「もう子どもではないものね」「さすが、大人だね」などと大いにほめて、子どもの自尊心をくすぐりましょう。

　自らルールを守ることのできる集団に育て上げるには、細々としたルールは必要ありません。指導の効果を高めるためにも、自分を律する心や自主的にルールを守る姿勢が、大人になるために身につけなくてはならない力なのだと伝え、度々考えさせる機会をつくる必要があります。

5｜クラス会議

- 参加意識が低い子への叱り方
- 積極的な子・参加意識が高くなった子へのほめ方

叱り方の指導例

● 子どもが真剣になる議題から始めよう

　どれだけ子どもが本気で話し合いに参加することができるかが、クラス会議の成否にかかっています。会議はクラスにとって必要なものという意識をもたせるためにも、まずは子どもが興味をもつ議題から話し合うことが大切です。例えば、クラスイベントについて話し合うことでは、楽しい時間を過ごしたいと子どもは真剣に会議に参加するでしょう。

　まずは、子どもを真剣にさせるような会議の内容はどのようなものかを、教師が意図的に提案する必要があります。子どもを本気にさせて会議の必要性や議論の楽しさを実感させるように導きましょう。

クラスの一員として友だちと力いっぱい学級活動に取り組むことは、学校生活を楽しく充実したものにしていく原動力となります。特にクラス会議に積極的に参加する姿勢は、ぜひ身につけさせたいものです。

ほめ方の指導例

● 司会の質が会議の質を高める

　進行役を育てながら会議の質を高めることが重要です。具体的な指導なしに、「話し合いなさい」などと会議を子どもに丸投げしてはいけません。

　指導なくして、クラス会議が子どもにとって意味のある活動になることはないのです。なかでも、司会の善し悪しによって話し合いが実のあるものになるか否かが左右されます。特にはじめの頃は、すべてを子ども任せにするのではなく、話し合いが円滑に進み、議論が盛り上がるように適宜教師が見本を示しながら司会の仕方を学ばせることが大切です。会議のやり方を示すために、最初に教師が司会役をしてもいいでしょう。

6 | 係活動・当番

- 仕事を忘れがちな子への叱り方
- 率先してやる子・取り組むようになった子へのほめ方

● 責任とやり甲斐のある当番活動を

　「適当に仕事をしたり、サボったりしてしまうと、学校生活に少なからず支障をきたし、クラスや友だちに迷惑をかけてしまう」と子どもが思うくらいの責任をもたせる当番活動を組織する必要があります。複数人で適当に名前だけを連ねて真面目な誰かがやってくれるような活動では、自分勝手な子は友だちに責任を押し付けて、サボりが常習化してしまいます。

　そうした状況を防ぐために、たとえ週に1日だけでも、責任をもってやらなくてはならない仕事をすべての子に任せる仕組みを教師がつくることが重要です。責任の所在が確実に分かるようにすることが必須です。

係活動や当番活動では、クラスのために責任をもって最後まで役割を果たしていくという意識を育てることに加えて、クラスでの存在感や有用感をしっかりと体験させながら味わわせることが重要です。

ほめ方の指導例

◉ 自主的に活性化する係活動を

　「クラスを良くしたい」「楽しい学校生活を送りたい」。子どもたちがそんな気持ちで積極的に取り組む係活動を設けることが大切です。そのためにも、常に教師が子どもの意欲を応援する姿勢でいることが必要です。

　子どもの「やりたい」という思いを実現できるよう、担任として力を尽くすことが活動の活性化を保障します。具体的には、安全面への配慮をはじめ、他の教師や保護者の理解を得るために説得して協力を得たり、活動時間を調整して確保したり、必要な物を準備したりするなどです。自主性を育む係活動にするためには、子ども以上に教師の決意と努力が不可欠です。

7｜給食

- マナーを守れない子への叱り方
- 給食を楽しめる子・マナーを守れるようになった子へのほめ方

叱り方の指導例

まわりをよく見なさい。迷惑をかけてはいないですか？
マナーは何のためにあるのでしょうか？

● 強制から自主性を重視した指導に

　新型コロナウイルス感染症対策に気を配りながらも、クラスの友だちと楽しく食べる給食スタイルが徐々に戻ってきました。友だちと一緒に食事をする状況において、改めて「まわりの人に嫌な思いをさせない食事の仕方」を1人1人に守らせていく必要があります。その際、「何のためのマナーか？」「何に気を付けなくてはならないか？」などの基本事項について、子どもたち自身に今一度考えさせ、確認させていくことが大切です。「口に食べ物を入れたまま話さない」「立ち歩かない」「食べ散らかさない」など、みんなで給食時間を楽しく気持ちよく過ごせるよう指導に努めましょう。

新型コロナウイルス感染症対策により徹底して指導されてきた給食マナーですが、徐々に新しい様式に移行しつつあります。準備や喫食時のマナーについて、給食時間を豊かにするためにも、改めて指導していく必要があります。

ほめ方の指導例

● クラス全員で命を守ろう

　最近では、アレルギー対策が徹底されてきています。食物アレルギーは、1つ間違えば命に関わります。食物アレルギーのある子は少なくなく、周囲の理解もかなり進んでいます。今やアレルギーは隠すものではなく、ましてや恥ずかしいことでもありません。給食の時間になれば、対応食が提供されるため、誰が食物アレルギーなのかは一目瞭然です。

　大切な友だちのことを理解し命を守るために、クラスで食物アレルギー対応の重要性を確認し合うことも大切です。誰にとっても安全・安心な給食時間となるように、ルール遵守の意識を高める機会を設けましょう。

8 | 掃除

● サボる子への叱り方
● 一生懸命に取り組んでいる子・サボらなくなった子へのほめ方

◉「強制的にやらされる」から脱却させる

高学年ともなると、子ども扱いされることを嫌い、一人の人間として尊重されたいという気持ちが強くなります。そのため、子どもたちには自分の意志ではなく、強制や押し付けで行動させられることが、どれほど恥ずべきことなのかを理解させながら指導するのが効果的です。

適当に怠けて掃除時間を過ごしたいと思う子は少なくありません。だからこそ、怠け心に打ち克つことの大切さや素晴らしさを教えることのできる貴重な機会でもあるのです。教師に叱られるから掃除するのではなく、弱い心に打ち克って一生懸命やることが大切なのだと気付かせましょう。

掃除は、子どもの自律心を育てるためのまたとない取り組みです。嫌なことから逃げたり、サボるのではなく、怠け心に打ち克って自分を律し、前向きに取り組むことのできる心・意欲を育てる場にしましょう。

ほめ方の指導例

目立たない仕事を一生懸命やってるな。帰りの会で必ず紹介しよう！

●「縁の下の力持ち」を見逃さない

　目立つことや脚光を浴びるようなことのために力を出すことは、それほど難しいことではありません。自分の力を誇示し、働きをアピールすることに対して、多くの人が労力を惜しまないものです。一方、目立たないところでコツコツと働き、人の役に立つことを継続して行うことのできる人は多くありません。しかし、どのクラスにも必ず、そのような「縁の下の力持ち」的な存在の子どもがいるものです。

　うもれがちな素晴らしい行いを発見できるのも掃除の良さです。真面目に丁寧に仕事を行っている子に光を当てられる教師でありたいものです。

叱りから逃れた果てに

　私が小学生のときのことです。放課後、友だち数人とで、村にあるお寺の境内で遊んでいました。いつもの遊びに少し飽きてきた私は、

　「なあ、お寺の屋根に登ろうよ！」

　友だちを誘って、お寺の屋根によじ登る「冒険」を始めました。

　「誰だ〜！　屋根に登っとるのは！　降りてこんかいっ！」

　突然、下から住職の大きな声が聞こえてきました。驚いた私たちは、急いで屋根の上を移動して、裏手から地上に降りて隠れました。

　「誰かおるのは分かっとるで！　出てこい！」

　私は身を屈めて隠れ続けていました。そのときです。

　「おれ、行くわ！」

　Ｔ君が住職のいる広場に飛び出して行きました。

　「黙っとるのはダメだもん。気持ち悪いもん」

　住職から叱られて私たちの元に戻ってきたＴ君の言葉で、私は強く自分を恥じたことを覚えています。

　「おまえは、友だちだけに罪を負わせて、果たすべき責任から逃れたのだ。誠実さのかけらもない奴だ」

　50年たった今でも、あのときの自分を責めることがあるのです。

5

\ 集中＆意欲を刺激する！ /

授業場面での
叱り方・ほめ方

1 | 叱り方の押さえどころは早めの発見と叱りの工夫

学習参加とは、集中して意欲的に学習に取り組むこと。真の学習参加を促すために、教師の細やかな叱りが重要です。

● 授業不成立のレベル確認

まずは、「授業不成立」の状態を、5段階のレベルに分けて確認してみましょう。

レベル1：教師の指示通りにできず、意識が授業の外にある

レベル2：手遊びしたり小物で遊んだりする

レベル3：複数人で見つからないように学習と無関係な言動をする

レベル4：周囲の妨げになる言動をする（大声での発言・ちょっかいなど）

レベル5：教師を無視した言動をする（いわゆる騒乱状態）

● 低いレベルの段階で危機感をもつ

上記5段階の授業不成立レベルのうち、あなたなら、どのレベルで危機感を覚えるかを考えてみましょう。どのレベルの段階を授業不成立ととらえるのかによって、その人の授業力が決まると言っても過言ではありません。例えば、レベル3やレベル4の段階で危機感を抱くようでは、授業崩壊は目の前です。できる限り低いレベルの段階で授業不成立の危機を感じ取り、状況に応じた叱りで指導をする必要があります。

学習参加とは、ただ単に教室で座って授業を受けることではなく、集中して意欲的に学習に取り組む姿勢になってこそなのです。

● 「レベル0」での指導が重要

　授業不成立の原因となる子どもの行動として、授業中に教師や友だちの話に注意を向けられずに参加している「レベル1」の状態よりも、さらに発見しづらい「レベル0」があります。例えば、教師の「考えなさい」「分かりますか?」という問いに対して、「ふり」をする状態です。考える「ふり」、分かった「ふり」です。

　このような「レベル0」の状態になるのを防ぐために、叱りの指導の工夫が必要不可欠です。

ここがPOINT!

ADVICE!

ノートに書かせたり、ふいに指名したりするなどして、授業に参加せざるを得ない状況を意図的につくりましょう。

21 | ほめ方の押さえどころは プロセスの注視

「できる」「分かる」という結果だけを見るのではなく、取り組みでの変容のプロセスを注視してほめることが重要です。

● できる子を増やす

　特に授業中は、子どもの問題行動に目が行きがちです。しかし、たとえ少数だったとしても、集中して意欲的に参加しようとしている子は必ずいるものです。そのような子に目を向けることができれば、子どもをほめる場面は増えるはずです。

　できない子に目を向けて指導することも大切ですが、できている子にもしっかりと目を向けてほめる指導を続けることで、良い行いが周囲の子に波紋のように広がっていきます。

● 教師が意識を変える

　教師自身が「できて当たり前」という考えで子どもに接していると、ほんのわずかな子どもの成長を見逃してしまうことになります。例えば、席に着いて学習することを「当たり前ではなくてすごいこと」と考えて子どもを見ることができれば、本当に小さな子どもの成長にも感動することができるようになります。

　子どもの向上的な変容や自信を促し、導くことが、授業場面における教師の指導の醍醐味です。ささやかな成長を教師に認められることで、子どもの自尊心は高まり学習に対する姿勢も変わっていきます。

● 子どもの「できる」自覚を促す

　できなかったことが突然できるようになる場面は、そう多くはありません。子ども自身が「できるようになった」と自覚する機会も、めったにありません。髪の毛や身長が知らぬ間に伸びるように、子どもは少しずつ変化するものなのです。

　教師が、たとえ小さなことでも、できることに目を向けて、ほめて認める指導を心がけ、子どもに日々「自分はできる」と自覚できるように促すことが大切です。その自覚は、確実にさらなる成長へとつながります。

ここがPOINT！

ADVICE！

子ども本人が気付かない小さな一歩に目を向けてスポットを当て、子どもの自信と成長を促すことが「ほめ指導」の真骨頂です。

3 | 授業準備

● 準備できていない子への叱り方
● いつも準備できている子・できるようになった子へのほめ方

叱り方の指導例

● 自覚を自分で準備できる力に

　高学年では、教師が指導しなくても授業前に準備ができるようになってほしいものです。「準備しなさい」などと声を荒げたり、教師の思いを直接伝える指導は考えものです。子ども自らが準備をして授業を待つ必要性を感じなければ、いつまでたっても自主的な行動は期待できません。例えば、開始と同時に板書をノートに書き写させるようにしたり、教科書のページを指定して音読させたりする活動からスタートすることで、準備しておかなければ自分が困ると実感させられるので、言葉で伝えるよりも効果的です。ノートや教科書を使用する活動からの授業スタートがポイントです。

授業が始まるまでには、机上に教科書やノートなどの学習に必要な物をすべて揃えておくように改めて指導することが必要です。高学年だからと子ども任せにせず、自主的に学習に向かう姿勢を身につけさせ、正していくことが重要です。

ほめ方の指導例

● 準備が当然という環境にする

　学習準備をして授業開始を待つ子は、クラスに必ずいます。なかには、教科書やノートの必要なページを開いて準備をしている子もいます。毎時間、授業が始まる前に、必ず簡単に一言「準備できる子がいて素晴らしい」とほめてから授業を始めるようにしましょう。ときには準備をしている子にスポットを当てるようにしてほめると、より効果的です。

　毎時間、準備をして授業を待つ子をほめることで、「準備するのが当然」という意識が浸透していきます。そして、それが1人1人と根付いていき、クラス中が準備をして授業開始を迎えるように変わっていきます。

4 | 姿勢

- すぐ姿勢を崩す子への叱り方
- 常に姿勢が整っている子・整ってきた子へのほめ方

叱り方の指導例

● サインを送る

　授業中、子どもの姿勢が崩れるのは、わざとではなく、無意識によるものであることがほとんどでしょう。授業がつまらないと感じたり、集中力をなくしたりすると、本人も気付かないうちに肘をついたり、のけぞったりしてしまいます。直接的な指導は高学年ともなると反発を買うだけでなかなか通りにくいものですが、見るに堪えない状態になるまでには、肩をたたいたり声をかけたりして姿勢を正すように促すサインを送り指導するようにします。子どもが慣れないうちは、またすぐに姿勢を崩しても、目を合わせるなどさり気ない指導を根気よく繰り返しましょう。

スマートフォンやタブレットを扱う生活習慣の影響や昨今の子どもの筋力低下などのさまざまな要因で、子どもたちの姿勢は崩れがちです。正しい姿勢は、学習への意欲と集中力を増すため、きちんと指導して矯正する必要があります。

ほめ方の指導例

● 正しい姿勢で授業を開始する

　小学校に入学したての時期は、毎時間のように「正しい姿勢」を教えています。ところが、学年が上がっていくと、姿勢の指導を改めて行う教師は少なくなります。しかし、正しい姿勢は学習に取り組む態度に直結する重要なもの。高学年になったからといって、おろそかにしてはいけません。

　毎時の最初に忘れず確認し、正しい姿勢をつくらせてから授業を開始するようにしましょう。すると、長時間がたっても姿勢を崩さずに背筋を伸ばして学習に取り組む子が増えていきます。また、正しい姿勢の子を取り上げてほめたり手本にさせたりすることが、他の子への啓発になります。

5 | 発言・発表

● 嫌がる子への叱り方
● 積極的な子・できるようになった子へのほめ方

叱り方の指導例

● 全員に発言・発表の機会をつくる

　限られた一部の子だけが発言や発表をするような授業が続けられた結果
が、「高学年になると子どもが発表しなくなる」ことではないでしょうか。
　積極的な子任せにして時間を過ごすような授業を、まずは教師自身が強
い意識でもって変えていく必要があります。全員に必ず発言・発表をする
機会をもたせるために、子どもの意志に頼る挙手発言だけではなく、教師
の指名によって発言を求めるなどの工夫が必要です。指名した子には、た
とえ「分かりません」の一言であっても声を出させるようにして、授業と
いう「公の場」で発言する経験を1つ1つ積み重ねさせることが必要です。

友だちの目を気にしがちになったりと多感な時期の高学年。授業中は、発言や発表をしなくなっても当たり前と思われがちです。しかし、クラスの雰囲気づくりや授業の工夫によって、子どもは発言や発表を活発に行うようになります。

ほめ方の指導例

◉ 発言・発表をしたこと自体を価値付け

　発言内容ではなく、発言すること自体に価値があることを、子どもたちにも理解させる必要があります。友だちの前で話すことに苦手意識が強かったり抵抗感が大きかったりする子は、ほんの一言でも発言や発表をする際は相当な決意と勇気を必要としているはずです。それを十分理解して、内容よりも発言したこと自体を認めてほめることが大切です。

　教師の姿勢が、当の本人に自信をあたえるとともに、周囲の子には発言・発表に対するハードルを取り払い、意欲喚起につながります。発言・発表が当たり前という雰囲気が教室に生まれるように導きましょう。

6 | 話し合い活動

- 非協力的な子への叱り方
- 意欲的な子・協力的になってきた子へのほめ方

● 傍観者をなくす指導の工夫

　授業である以上、話し合い活動を子どもに一任するのではなく、教師が積極的に関わって指導・助言をする必要があります。話し合いに参加していなかったり、別のことに意識が行っていたりしている子に気付いたら、その子を指名して発言を求めたり、側に行って直接声をかけたりして、話し合いに参加せざるを得ないように導きましょう。常に非協力的な子「0」を目指さなければなりません。ときには、学習内容とは異なる私的な会話をする子もいます。その場合、話し合いを中断させ、話していた内容を全体の場で発表させるようにするなどして、厳しく指導する必要もあります。

話し合い活動は、子どもの学習意欲をぐんぐん高め、授業も盛り上がって学習内容の習得に有効です。全員参加の授業保障のためにも、話し合い活動に積極的に参加する姿勢を教師がグッと引き出していきましょう。

ほめ方の指導例

まずはペアで話し合って考えてみましょう。みんな、しっかり考えていたから、良い話し合いができそうだね！

● 少人数での話し合いで基礎を学ばせる

　クラス全員での話し合い活動は、個々の子が意欲的に参加して積極的に発言することができるようになると、授業が盛り上がって学力形成が効果的に進められるとともに、子どもにとって充実した時間になります。そのレベルになるためには、1人1人の子に自分の考えを伝える必要性や心地よさを味わわせ、伝える方法を身につけさせる必要があります。

　そのためにも、まずはペアや少人数のグループなどで話し合い活動を繰り返し行いましょう。「目的をもって話し合う」「人の意見を聞く」「自分の考えを伝える」など、話し合いに必要な基本的態度や技術を定着させます。

7 | 聞き方

- 話を聞けない子への叱り方
- しっかり聞いている子・聞けるようになった子へのほめ方

● 意識を向けないことを許さない指導を

　高学年ともなると、授業には関係ないことを考えながらも、表面上は教師や友だちの話を聞くふりをして上手にごまかす子が少なくありません。集中して深く考えないで何となく聞き流している状態です。このような姿勢を許していては、本人のためにならないだけではなく、適当な態度で学習する雰囲気が教室に蔓延しかねません。

　聞くふりや適当に聞き流すことを防ぐために、教師や友だちの発言をしっかり聞いているかどうか、「今の発言、どう思う？」「繰り返して」など、授業中にテンポよく確認を入れながら指導することが重要です。

教師や友だちの話を聞くことは、学びの中核です。しっかり聞くことで学習参加が可能になり、意欲的に学ぶ姿勢はもちろんのこと、深い学びの実現へとつながります。高学年の子にも、聞き方の指導はおろそかにしてはいけません。

ほめ方の指導例

● 「聞ける」クラスは「メリハリある」クラス

　子どもたちが、教師や友だちの話を集中して聞きながら参加できているクラスは、授業にメリハリが生まれ、参加している子どもたち自身が学習意欲を高めながら楽しい授業時間を過ごせています。

　授業中に「聞く」ことがしっかりと身につくと、間違いなく子どもは充実した学校生活を送ることができます。そうしたクラスに育てるためには、「聞くことが当たり前」と考えて子どもを見ないことです。聞くことができない子を指導するだけではなく、しっかり聞いている多くの子の授業に向かう姿勢を認め、手本にし、ほめ続けることを根気よく行いましょう。

8 | 宿題

- いつも忘れる子への叱り方
- 厳守できている子・忘れずにできるようになった子へのほめ方

叱り方の指導例

◉ 宿題忘れを叱る理由を明確にする

　宿題はやらなければならないものだと、じつは子どもは低学年の頃から理解しています。しかし、教師や親のチェックが緩くなったり、学年が上がったりするにつれ、宿題をやってこない子が増えてくるのが現実です。

　これは、「叱られるからやる」という意識で宿題に取り組んでいる証拠とも言えます。高学年であるからこそ、改めて「なぜ、宿題をやらなければならないのか」を明確に説明した上で指導することが重要です。そのためには、「怠け心に打ち克つ」「嫌なことから逃げない」ためなど、宿題に対する考えを教師自身がしっかりもっておく必要があります。

宿題に関して高学年の子どもを指導する場合は、「なぜ、宿題をやることが大切なのか」「宿題を出す意味はどこにあるのか」を子どもたちに丁寧に説明し、それを理解させることを前提に対応していくことが鉄則です。

ほめ方の指導例

● 「将来に生きる力」と自信をあたえるほめ方を

　いつも丁寧な文字やまとめ方で宿題をやってくる子がいます。反対に、やっつけ仕事のように適当な取り組み内容の子もいます。宿題は、教師の点検が入るものです。丁寧にやることは、相手（教師）を意識しながら宿題に取り組んでいる証拠。見る人（教師）を意識し、思いやりながら物事に取り組む力も、宿題によって鍛えられます。

　このように、宿題には、子どもが将来充実して生きていくために必要な力を育てる要素が数多く含まれています。毎日丁寧に取り組むことは、将来に役立つ力を身につけることだと、ほめて自信をあたえましょう。

学校が「楽しいところ」であるために

　「学校は楽しいところだ」と、子どもや保護者に伝える場面はしばしばあるものです。もちろん学校は、子どもにとって安全・安心、そして、「楽しい」場所でなければなりません。しかし、学校の「楽しさ」は、例えばTDLやUSJで過ごす「楽しさ」と同質ではありません。TDLやUSJは「あたえられる楽しさ」ですが、学校は「獲得する楽しさ」を得る場所です。

　あたえられる楽しさとは異なり、楽しさを獲得する過程では、困難が生じることも少なくありません。また、そのための努力も必要になるでしょう。しかし、努力して困難を克服することによって獲得した「楽しさ」は、あたえられた楽しさとは比較にならない充実感と喜びを味わわせてくれます。

　学校では、さまざまなことが起こります。毎日がバラ色なわけではなく、ときには、「友だちとケンカした」「勉強が分からない」「先生に叱られた」と泣きながら下校することもあるでしょう。しかし、そのような試練を克服することで、人として大切な力を身につけ成長することになるのです。そして、それこそが学校でしか得られない「楽しさ」です。

　困難や試練を克服し、努力して自力で得た楽しさは、至上の喜びです。学校は、その「楽しさ」をできる限り体験させる場であるべきだと思います。子どもに本物の楽しさを味わわせるためにも、教師は子どもを叱ることから逃げてはいけません。

CHAPTER

6

＼ 子どもたちの自治力を育む！ ／

行事活動場面での
叱り方・ほめ方

1 | 叱り方の押さえどころは ゴールイメージ

高学年では、特に行事を通して自主性や積極性、協調性などを身につけられるように指導して導くことが大切です。

● 目標をしっかりもたせる

　高学年になると、学校の中心的な立場で行事に関わる機会が多くなりますが、その場にいるだけで、他人事のように行事の時間を過ごす子は少なくありません。行事に対する参加意欲を高めるためには、「行事を何のためにやるのか」「自分が何をやりたいのか」など、それぞれの子に目標をしっかりと考えさせておくことが重要です。

　「友だちと楽しみたい」「低学年のお世話をしたい」などと、それぞれの行事でその子に応じた目標が立てられるはずです。目標を考えられるように導き、意欲付けしていくのが教師の役割です。

● 具体的にイメージさせる

　実際に行事が実施された場合、友だちや自分がどのような動きをするのか、行事を実施するために必要な物、人員、時間の割り振りなど、できるだけ具体的にイメージさせることが重要です。具体的にイメージすることにより、子どもは自分で考え判断する力を培っていきます。

　慣れないうちは、イメージが難しいため、教師の問いかけによって具体的に考えさせるようにいざなうことが必要です。

● トラブルを想定して対応する

　子どもが自主的かつ意欲的に活動すればするほど、行事中のトラブルが増える可能性が高くなることも忘れてはなりません。子どもが本気になって本音を出し合う活動では、そこで生じるトラブルは子どもの人格形成にとってまたとない学びの機会になると考えましょう。

　子ども同士が本音でぶつかり合うことで、どのようなトラブルが生じるのか、教師があらかじめ想定しておくことで、余裕をもった対応ができます。教師自身が、さまざまな準備・想定ができていることが不可欠です。

ここがPOINT！

ADVICE！

行事に子どもが自主的・意欲的に参加できる意識付けを工夫することが重要です。トラブルも想定しながら準備に力を入れましょう。

21 ほめ方の押さえどころは 感動を伝えること

運動会や音楽会など、全校で行う大きな学校行事を通じて成長する子どもの姿は、指導する教師に感動をあたえてくれます。

●「過程」を細やかにほめる

　高学年の子は、行事の運営に大きな影響力をもっています。子どもの意欲が、行事の成否にかかっていると言っても過言ではありません。子どもの士気を高め、行事が子どもにとって充実した活動となるために、企画や準備段階から子どもをよく観察して、小さながんばりや意欲を取り上げてほめ、認めるように心がけましょう。

　行事に向けてのがんばりを教師が見てくれていると知るだけで、子どもの意欲は格段に上がります。

●「姿勢」に重点を置いてほめる

　高学年の子が中心になって企画や運営に携わるからこそ、出来栄えや成否に重きを置くのではなく、より良いものにしようとする意欲や工夫、粘り強さや丁寧さ、真剣さなど、行事に向かう子どもの姿勢を評価してほめるようにしましょう。

　いくら見栄えよく完成しても、教師の指示や強制的な指導で完成したものであれば、行事が子どもの成長を促したとは言えず、意味がありません。たとえ少々失敗しても、子どもが真剣に全力で取り組む行事づくりを目指しましょう。

● 「感動」の評価を次に生かす

　行事当日の運営に至るまでに起きたトラブルや努力は、真剣に取り組めばそれだけ、子どもにも教師にとっても感動と充実感につながります。また、子どもと教師が行事の完成に向けてどれだけ真剣に取り組んできたかによって、行事を終えた後に得られる感動や充実感に差が生じます。

　子どもの様子や気持ちをもとに感動や充実感の度合いを評価し、具体的な言葉にして子ども自身に自信をもたせていきながら、次の取り組みへと生かしていきましょう。

ここがPOINT！

ADVICE！

完成を目指す準備過程において、教師の細やかな観察と評価が、子どもに充実感をあたえ、それによって意欲や積極性が培われます。

3 | 身体測定

- ● ふざけている子への叱り方
- ● きちんと対応できている子・できるようになった子へのほめ方

叱り方の指導例

今、声が聞こえました。誰ですか？

6-1

● 測定室で指導しない

　限られた時間の中で正確に測定するために、子どもが規律を守って教師の指示通りに行動をする必要があります。測定室に着いてから指導するのでは、測定の妨げにもなり得ます。

　身体測定は、健康を守るために重要な行事であることを、事前にしっかり理解させる指導をしておくことが大切です。その上で、落ち着いて教師の指示通りに行動していくためのルール確認をしてから、測定室に出発するように指導しましょう。少しでも声を出したり列を乱したりしたらキッパリと注意して、測定室に整然と移動できるようにさせます。

「静かに待つ」「並んで座る」「話に耳を傾ける」「指示通り行動をする」など、身体測定は、子どもが規律を守ることができるか否か、日頃の指導が一目瞭然となる行事です。教師自身の日頃の取り組みが確認できる場でもあるのです。

ほめ方の指導例

● 表情やジェスチャーで静かにほめよう

　たとえ規律を守ることが難しく、ざわついているクラスでも、なかには規律を守って身体測定に臨んでいる子もいます。測定中は静かにさせなければならないため、どうしてもできていない子の指導が中心になりがちですが、その際も「○○さんはちゃんとできていてすごい」などと、測定の邪魔にならないようにしながらも、ほめることを忘れてはいけません。

　規律を守って整然と測定できるクラスでは、待つ姿勢や話を聞く態度、指示通りの行動などを、感心する表情やOKジェスチャーなどで、その都度伝えるようにしましょう。要所要所のほめが効果を発揮します。

4 | 遠足

● 勝手な行動をとる子への叱り方
● 集団行動ができている子・できるようになった子へのほめ方

◎ 遠足前に厳しく指導する

　校外で行う学習では、一般の人の目があるため、校内と同じような厳しい叱りはできません。だからこそ、特に遠足などは事前指導に力を入れる必要があります。教師の目が届かないところでは、より一層、自分たちで規範を守る姿勢が重要なことを理解させなければなりません。

　「高学年になって勝手な行動は制御できると思うから、あなたたちを信じて任せるよ」と伝えながら、守れないときは教師の監視下で行動させることなど、事前に厳しくルールの通告をしておきます。加えて、遠足では安全確保を第一として、身勝手な行動には厳罰を下すと予告しましょう。

高学年では、遠足などの校外学習でグループ活動を中心に行うことが多くなります。特に教師の目が届きづらい場面では、子どもの自主性と自律的な行動が求められるため、事前の確認・準備が不可欠です。

ほめ方の指導例

● 自律的な行動をほめて日常につなぐ

遠足などの校外学習では、「自分に任されている」と考えれば、身勝手な行動を律しようと心がける子がほとんどです。活動中、きまりを守っての行動や、注意し合って行動している姿を見かけたら、必ずほめ言葉をかけながら良い行動を認め、きまりを守ることによって、楽しさや充実感、自尊心を味わえることを実感させていきます。

また、帰校したら、きまりを守る姿勢や協力する姿、自分たちで判断して行動できたことなど、活動中に見られた子どもの素晴らしさをほめて遠足を終わるようにし、成長を翌日からの学校生活につなげるようにします。

5 | 社会科見学

- 遊び半分の子への叱り方
- 向学心旺盛な子・しっかり活動している子へのほめ方

叱り方の指導例

何のために、ここに来たの？あなたたちは何年生かな？

◉ 目的の確認と行動の約束を指導に生かす

　社会科見学は、社会科や理科などの一環として体験を元にした学びを行う重要なものです。校外で行うからといって、遊び気分で参加しないように厳しく指導しなければなりません。そのためにも、「何のために社会科見学に行くのか」「見学や体験によって何を学ぶのか」を具体的に確認し、活動に臨ませるようにします。当日、目的に逸れた行動をしている子がいたら、「何をしに来たんだっけ？」と尋ね、学習であることに意識を向けさせるように叱りましょう。それでも遊び半分で参加する子は、「先生が横にいようか？」と戒め、学習せざるを得ない雰囲気をつくります。

現地に足を運んで、実際に歴史や産業に触れて学ぶことが社会科見学の目的です。学校の中でや書籍・画像などからでは得られない体験で、その学習効果を高めるためにも、事前・事後の指導がカギとなります。

ほめ方の指導例

◉ 着地点を示すことで意欲的な活動を促す

　学校を離れた学習では、郊外での学習の目的の他に、学習をどのように生かして終えるのかという「着地点」を明確に示すことも学習の成否につながります。どのようにまとめるかを、最初に具体的に考えさせ、成果をイメージさせておくことが重要なのです。これが無いから、「何を見て、何を調べ、何を学べばいいのか」があやふやなまま見学することになるのです。
　着地点を具体的にもてれば、見学の視点が明確になるので、意欲的に参加し、充実した社会科見学が保障されます。まとめに活きる活動をする子を発見したら、すぐにほめて、他の子にその姿勢を広げることも有効です。

6 | 学習発表会

● 練習をサボる子への叱り方
● 練習をリードしている子・サボらなくなった子へのほめ方

叱り方の指導例

誰のための発表会なのかな？
発表会で恥をかくのは誰かな？

● 誰のための発表会かを考えさせる

　保護者は、我が子の学習発表会を楽しみにしています。そして、高学年にもなれば、そのことを十分理解しているはずです。見事な発表会を期待している保護者の気持ちを考えさせることで、ほとんどの子は当日に向けて一生懸命に練習や準備に取り組むはずです。しかし、ときには気持ちが緩んでサボってしまう子もいるでしょう。そのような場合は、「誰のために発表会をするのか？」「適当にやる姿を残念に思う人はいないか？」と子どもに問いかけ、気持ちを立て直させ、鼓舞する必要があります。本番で誰が恥ずかしい気持ちを味わうのかもイメージさせながら考えさせます。

当日の発表に向けて友だちと協力し、発表の質を高めたり、準備をしたりする過程の中に大切な学びがあります。発表会への取り組みが充実した学びと自信につながるよう、1つ1つの工程に丁寧な指導が必要です。

ほめ方の指導例

そのがんばりは、見にきてくれる人みんなを感動させるよ！ おうちの方は、あなたたちを誇りに思うよ!!!

● 見る人は何に感動するかを子どもに伝える

　整った見栄えだけの発表が、見る人を感動させるものになるのかと言えば、決してそうではありません。一生懸命な取り組みはもちろんのこと、どれだけ真剣に取り組んできたか、全力で良い発表にしようと努力したのかは、見る人に必ず伝わります。たとえ、たどたどしい表現であっても、伝えたいという強い思いや、発表に向けて努力してきた熱量は、見ている保護者や教師に確実に伝わります。そのことを、「あなたの努力は、おうちの方を感動させるよ」「あなたの姿勢は、おうちの方の誇りだね」などという言葉で、準備や練習時に子どもに伝え続けることが大切です。

7 | 運動会

● 適当にやろうとする子への叱り方
● 全力の子・懸命にやるようになった子へのほめ方

叱り方の指導例

● 役割を明確にして責任感をもたせる

　グループや集団の中での活動は、個々の存在感が薄まり、無責任を助長する危険があります。「自分がやらなくても、他の誰かがやるだろう」という気にさせないためには、子ども1人1人に具体的で明確な仕事を割り振る必要があります。1つの種目の準備を10人で行うという方法ではなく、例えば、「カラーコーンを運ぶ役」「ラインを引く役」というようにです。

　適当にやった結果が白日の下にさらされるため、責任をもって係の役割を果たすこと、また、緊張感をもって全力で取り組むことをその都度メッセージとして伝えていくことが必須です。

高学年になると、自分の出場種目に加えて、司会や放送、審判や得点担当など、さまざまな係の役割を請け負う責任が生じます。力を合わせて運営しなければ、運動会自体が成り立ちません。役割意識を育てながら指導をするのが大切です。

ほめ方の指導例

いいね〜！ もっと完成度を上げよう!!

よし、がんばるぞ！

見ている人を感動させる運動会にしよう！

◉ 運動会の成否に関わっている意識をもたせる

　学校行事の中でも特に運動会は、子どもが大きな達成感や充実感、有用感を味わうことができるものです。自分が出場する種目の中でそれらを味わえるのはもちろん、高学年の子どもたちにとっては、運動会の成否に関わっていると感じられる行事でもあるのです。出場種目や役割に力を尽くせば尽くすほど、運動会で得られる達成感や充実感は大きくなります。

　運動会に取り組む過程で、機会あるごとに「感動する運動会にしよう！」などの力強い言葉かけを教師が積極的に行い、士気を高めながら指導することが、子どもたちの確実なモチベーションアップにつながります。

8 | 防災訓練

- 緊張感がない子への叱り方
- 真剣に取り組む子・取り組むようになった子へのほめ方

叱り方の指導例

◉ 厳しく一喝して緩んだ姿勢を正す

　防災訓練は、身の安全を確保するための重要な行事です。真剣に訓練に取り組まなければ、いざという場面で身を守ることはできません。訓練だからと真剣に取り組まない子、ましてやふざけて参加する子がいたら、厳しく指導しなければなりません。命を守るための訓練だからです。

　たとえ、子どもに相応のショックをあたえるような叱り方であっても、命を守ることには変えられません。厳しく一喝して、教師の真剣さを伝えることで、本人も周囲の子も避難訓練の重要性を感じ取ることになります。ひそひそ話はもちろん、笑顔も禁じるくらい真剣に取り組ませましょう。

防災訓練は、永く学校現場で取り組まれてきた教育です。近年は、地震や暴風雨などの天災被害や、不審者侵入など命の危険を感じさせるような事故や事件も多く、子どもの防災・防犯意識をまずは教師自身が高めることが重要です。

ほめ方の指導例

● さまざまな場面を提示し意識を高めさせる

　学校で行う訓練は、1年間に数回ほどです。しかし、実際の避難場面は、授業中だけとは限りません。給食中であったり、休み時間に子どもたちが学校のあらゆる場所に散らばったりしているときもあり得ます。実際に、さまざまな場面を想定して訓練ができればいいですが、回数や設定は限られるのが実情です。そこで、日頃から機会をとらえてさまざまな場面を教師が提示し、きびきびとした避難の仕方や安全確保を考えさせることで、自分で命を守る意識を高める指導が必要です。その際、真剣に取り組む子を必ず取り上げてほめ、全体の意識を底上げしていきましょう。

子どもに救われる職業

　最近、学級担任として子どもと関わっていた頃を思い出すことが多くなりました。日々教室で子どもの学びに関わり、その成長を目の当たりにしていくことは、本当に楽しくかけがえのない時間だったのだと心から感じています。管理職になって、教育委員会や地域、職員とのやりとりが中心の仕事をしていると、子どもたちと本音で付き合っていた空間に戻りたくなってしまいます。

　職員室で、同僚や管理職とのやり取りに疲れても、教室に戻れば、子どもたちが純粋で素直な気持ちで癒してくれました。また、子どもの過ちや間違いを正すことが、自分自身をも振り返り、身を正すことにつながっていました。子どもの成長に心から感動し、それが自分の生き甲斐となっていく日々は、本当に充実したものでした。

　「教職はブラック」と言われるようになって久しくなりますが、教職とは本来、子どもとの関わりを通して、教師自身も自分の気持ちと素直に向き合うことのできる、やり甲斐のある仕事だと思います。学校という職場は、自分の出世欲や物欲のために他人を陥れるような職場とは程遠い場所だとも思います。

　多くの教師の方々が、教師としての生き甲斐を見出そうとする限り、「教職は超ホワイト」なのだと、堂々と胸を張ることのできる仕事になり得るはずです。

おわりに

　社会構造が猛スピードで変化していますが、その変化は、学校教育にも大きな影響を及ぼしています。GIGAスクール構想により1人1台端末が整備され、数年前とはまったく異なる授業風景が全国の小・中学校で見られるようになりました。DX化を推進する上で、教師の働き方も大きく変わろうとしています。このような学校教育大変革時代の到来により、現場では小さくない戸惑いと混乱が生じているのも現実です。

　現在、さまざまなアプリケーションを授業に取り入れて活用する研究と実践が席巻しています。私はそうした「新しい授業」を否定する者では決してありません。むしろ、1人1台端末を用いた授業は、大いに発展し昇華させるべきものだと考えています。しかし、タブレットの普及やネット環境の整備で、一昔前からすれば夢のような授業が現実のものになっても、学校教育の基本は「人間教育」だということを決して忘れてはいけないと強く思います。どんなに素晴らしいアプリケーションを使おうとも、どんなにタブレットを活用する技術が優れていても、「人格の完成を目指す」という根本が抜け落ちては、「子どもを教える教師」とは言えないのではないでしょうか。

　今後、どんなに科学技術が発展し、授業方法が変化したとしても、教師という仕事は、子どもの人格形成に少なくない影響をあたえる存在であることは揺るがないでしょう。教室で子どもと直に接しながら、子どもの成長を我がことのように喜び、悲しみや悩みに寄り添い、人として間違ったことをすれば本気で戒める。子どもが将来、人の役に立ち、充実した生き方ができるような基礎を学ぶための指導と支援が学校教育の役割であると同時に、教師の生き甲斐になるはずです。

　近年、いじめや児童虐待など子どもの安全・安心を脅かす事案はますます深刻化しています。さらに、児童・生徒間トラブルへの対応や保護者対応に加え、過度な労働時間により心身に支障をきたす教師が増加の一途をたどり、そのことも影響して、教師の質の低下や教師不足が全国的に深刻な問題になっています。私は現在、校長職を拝命して6年目を終えようとしていますが、いじめや保護者対応により休職や退職を余儀なくされた教師を目の当たりにしてきました。教師という職に生きがいを求めていた若者たちが、教職に対する夢を失い、教職に絶望せざるを得なくなっている状況は、何としても食い止めなくてはなりません。

　今こそ、教師の自信を取り戻し、子どもとの絆を深め、保護者からの信頼を得るための「叱り方・ほめ方」を身につけることが必要です。本書をお読みいただいた皆さんと、いつか教育の素晴らしさについて語ることができれば光栄です。

　　2024年春

　　　　　　　　　　　　　　　　　　　　　　　　中嶋郁雄

著者紹介

中嶋郁雄（なかしま いくお）

1965年、鳥取県生まれ。
1989年、奈良教育大学を卒業後、奈良県内の小学校で教壇に立つ。
新任の頃より「子どもが安心して活動することのできる学級づくり」を目指し、教科指導や学級経営、生活指導の研究に取り組んできた。現在、校長として学校経営を行いながら、後進の指導に当たっている。
著書に『高学年児童、うまい教師はこう叱る！』『信頼される教師の叱り方　フツウの教師・デキる教師・凄ワザな教師』（以上、学陽書房）、『教師の道標──名言・格言から学ぶ教室指導』（さくら社）など多数ある。

子どもが納得！
高学年の叱り方・ほめ方

2024年4月17日　初版発行

著　　者	中嶋郁雄（なかしまいくお）
ブックデザイン	吉田香織
イラスト	坂木浩子
発 行 者	佐久間重嘉
発 行 所	株式会社 学陽書房
	東京都千代田区飯田橋1-9-3　〒102-0072
	営業部　TEL03-3261-1111　FAX03-5211-3300
	編集部　TEL03-3261-1112　FAX03-5211-3301
	http://www.gakuyo.co.jp/
DTP制作・印刷	加藤文明社
製　　本	東京美術紙工

©Ikuo Nakashima 2024, Printed in Japan.
ISBN978-4-313-65516-4　C0037